AF253775

LA CONSCRIPTION
des Indigènes d'Algérie

ET

L'ORGANISATION MILITAIRE
de la France

PAR

le Capitaine Pierre ANCIER

PARIS

LIBRAIRIE MILITAIRE R. CHAPELOT ET Cie

IMPRIMEURS-ÉDITEURS

30, Rue et Passage Dauphine, 30

—

1910

La Conscription des indigènes d'Algérie

ET

l'Organisation militaire de la France

PARIS. — IMPRIMERIE R. CHAPELOT ET Cᵉ, 2, RUE CHRISTINE.

LA CONSCRIPTION
des Indigènes d'Algérie

ET

L'ORGANISATION MILITAIRE
de la France

PAR

le Capitaine PIERRE ANCIER

PARIS

LIBRAIRIE MILITAIRE R. CHAPELOT ET Cie

IMPRIMEURS-ÉDITEURS

30, Rue et Passage Dauphine, 30

—

1910

Tous droits réservés.

La Conscription des indigènes d'Algérie

ET

l'Organisation militaire de la France

> « Quand le jour sera venu où il dépendra de la France de faire précéder ses armées de ces partisans les plus formidables qu'il y ait au monde, quand il suffira d'un acte de sa volonté pour verser devant elle cette vague furieuse, qui pourra dire que nous sommes sans alliés ? » Général MOLLIÈRE.

I

Une question se pose en ce moment devant l'opinion avec une insistance qui ne permet plus d'en différer la solution : c'est la question de la conscription appliquée aux indigènes d'Algérie, et, d'une façon plus précise, la question de la conscription appliquée aux indigènes de nos colonies, en vue de leur participation à la défense de la métropole.

Cette question se pose inévitablement à toute puissance coloniale. Or, il n'existe, à proprement parler, que deux puissances coloniales en Europe, et même dans le monde entier : l'Angleterre et la France. Toutes les autres puissances, ou bien n'ont pas de colonies : comme l'Autriche-Hongrie, la Suède ; ou n'en ont que de très petites, dont la participation à la défense nationale ne saurait être envisagée utilement : comme l'Allemagne, l'Italie, l'Espagne ; ou, enfin, ont des colonies qui ne forment qu'un tout sans discontinuité avec la métropole, dont elles par-

tagent par conséquent le régime dans son intégralité :
comme la Russie, la Turquie.

En Angleterre et en France, il en va tout différem-
ment. Aussi l'Angleterre a dû se poser la question, qui se
pose actuellement en France, au moment où la guerre
sud-africaine sembla mettre en péril sa puissance invio-
lée jusqu'alors. En la posant, elle la résolut d'ailleurs,
et l'on vit au Transwaal des contingents australiens et
canadiens.

C'est que les Anglais, avec ce robuste sens pratique
qui est le secret de leur force, ont posé la question sous
son vrai jour, celui de la participation des colonies à la
défense de l'Empire. La question prenait ainsi un aspect
tout différent ; la poser sous cette forme c'était y répondre affirmativement. D'enthousiasme, toutes les parties de l'Empire anglais devaient se déclarer prêtes à sa
défense. C'est ce qu'elles firent. Et l'Angleterre, au lendemain de ses déceptions du Transwaal, se retrouva
plus puissante que jamais, grâce à cette affirmation, noti-
fiée à la face du monde, de la solidarité de toutes les
parties constituées de l'Empire.

En France, au contraire, on ne parle pas volontiers de
l'Empire, sans doute parce qu'il y eut jadis un empereur, au souvenir duquel le mot empire emprunte un
sens particulier. En fait, peu de Français ont la notion de
l'empire sans empereur. N'ayant pas la notion d'un tel
empire, comment pourraient-ils y songer, en parler, en
examiner l'organisation militaire d'ensemble ? Aussi ne
s'en préoccupent-ils pas. Et pourtant il existe cet
empire ; la puissance globale de la France ne tient pas
uniquement à la force, à la richesse, au prestige de l'ancienne France, elle tient à la force, aux ressources, à la
puissance, affirmée ou latente, de l'Empire français tout
entier. Supprimez, par la pensée, l'Afrique française,
l'Indo-Chine, Madagascar, et supputez ce que deviendrait,
dans le concert universel, le rôle de la France ainsi réduit.

Cette abstraction, inconsciente ou voulue, de l'idée d'empire français, fait donc que la question du service militaire de nos sujets coloniaux ne se pose pas en France de la même façon qu'en Angleterre. De fait, le point de départ du mouvement, dans les deux pays, a son principe dans deux ordres d'idées absolument différents. Il n'y a donc pas de précédent à interroger, pour servir aux Français de fil conducteur dans l'étude de cette question. Il faut renoncer à l'analogie pour recourir uniquement à la méthode analytique.

Pourtant, avec un peu de bonne volonté, il est possible de trouver une sorte de précédent. Il est vrai qu'il faut remonter un peu loin. Il y a quelque deux mille ans, quand le peuple romain eut conquis le monde connu, il se trouva à la tête d'un empire qui paraîtrait peut-être étriqué de nos jours et était alors sans précédent. La conquête fut menée de bout en bout par les seules forces du peuple romain, par la seule vertu, — *virtus* — du soldat romain, qui prit l'habitude de vaincre sous tous les climats.

Après la conquête, période héroïque, vint la jouissance, que l'on pourrait appeler la période bourgeoise. Le citoyen romain, maître du monde, accoutumé au luxe et au bien-être, qu'il ignorait tant que dura la conquête, se déshabitua peu à peu du service militaire et conçut tout naturellement l'idée de faire participer les peuples sujets, les barbares, à la défense de l'Empire. Déjà, sous la République, Rome avait eu des alliés et des auxiliaires étrangers. Ce fut l'Empire qui fit des soldats romains avec ces alliés, ces auxiliaires. Il en constitua d'abord des légions à part, toutes composées de barbares du même pays ; puis, devant le fléchissement des effectifs, dû à l'aversion toujours croissante des citoyens romains pour les charges militaires, il fit entrer les barbares dans la composition des légions. Bientôt le citoyen romain disparut tout à fait des rangs des armées romaines... Et chacun sait, du reste, dans quelle anarchie militaire sombra l'Empire romain, qui avait été la première puissance militaire du monde entier.

Ce précédent est-il celui qu'il convient de suivre ? Non, certes. Mais il faut avoir la clairvoyance de comprendre et le courage de dire que la nation qui fut la première puissance militaire des temps modernes, qui l'est probablement encore, a une tendance à glisser vers ce précédent. Après le superbe effort qui suivit les désastres de l'Année terrible, le citoyen français s'est mis à ressentir et à redouter de plus en plus le poids des charges militaires. Des événements, qu'il est inutile de rappeler, ont ajouté la déconsidération quasi-officielle à une carrière que caractérisaient jusqu'alors des servitudes plus nombreuses que partout ailleurs, mais des servitudes dont le but élevé faisait des grandeurs, chacun le comprenait.

C'est le discrédit attaché à la carrière des armes, autant que l'impatience des charges militaires, qui produisit ces mouvements d'opinion, à la suite desquels furent édictées les différentes lois militaires portant réduction du temps de service. La France, avec sa faible natalité, devance les autres nations dans cette voie de réduction, où elle n'aurait dû les suivre qu'avec une extrême circonspection. Le résultat est-il atteint, au moins, et le pays éprouve-t-il un soulagement appréciable ? On est tenté d'en douter, car tout homme de 40 ans et au-dessus constate avec amertume combien les jeunes soldats d'aujourd'hui récriminent plus énergiquement en allant faire leurs deux ans que leurs anciens en partant pour cinq ans ! Combien les réservistes appelés pour dix-sept jours implorent, plus nombreux, les dispenses de toutes natures, que ceux qui naguère étaient appelés pour vingt-huit jours.

Un seul résultat est positif : c'est que nos contingents plus faibles, appelés pour un temps plus court que chez nos voisins, ont occasionné dans l'armée française un fléchissement d'effectifs que l'arithmétique la plus élémentaire permettait de prévoir. Seulement le trou a été plus impressionnant qu'on ne pensait ; tous les artifices pour le masquer sont restés vains jusqu'ici, et maintenant on se dit : « Si nous incorporions les Arabes, les plus anciens de nos sujets coloniaux, les plus rapprochés de nous par la civilisation, les plus guerriers aussi, pour boucher ce trou ! »

La question valait d'être examinée. Il fallait même l'examiner longuement, posément, avant de prendre une décision. Mais, comme l'écrit M. Cochery dans son remarquable rapport sur la question, le gouvernement français s'est engagé d'une façon prématurée, dont on peut assurément regretter la précipitation, mais qui ne permet plus de reculer ; il s'agit donc, maintenant, de procéder hâtivement à un examen *a posteriori*, qui remplace l'examen *a priori* escamoté, sans autre ressource que de formuler ce vœu : « Si la mesure réussit, qu'elle aboutisse à un accroissement de notre puissance militaire et qu'elle ne serve point, par la suite, de prétexte à de nouvelles réductions des charges militaires du pays. »

Un examen logique et complet de la question ne comporte pas seulement l'examen de ce point : peut-on, en droit et en fait, ordonner la conscription, générale ou atténuée, des indigènes d'Algérie. Car, enfin, il peut être très intéressant, pour un juriste, de savoir si la France a le droit, ou non, d'ordonner cette conscription ; il peut être intéressant également pour un ethnologue, pour un arabisant, ou pour le gouverneur général de l'Algérie, de savoir l'attitude qu'auront les populations arabes en présence de cette mesure, et partant si elle est réalisable en fait. Mais chacun sent combien la question est oiseuse, au point de vue pratique, si l'on n'a pas résolu tout d'abord cet autre point : « Que fera-t-on des indigènes d'Algérie, quand on les aura incorporés ? »

Nous avons, en ce moment, en Algérie seulement, près

de 20,000 indigènes sous les armes, infanterie et cavalerie. S'il ne s'agit que d'en avoir quelques milliers de plus, il n'est pas besoin de longues dissertations : la situation d'ensemble reste la même, et le système actuel, qui a fait ses preuves au point de vue de la qualité, peut, au besoin, avec quelques améliorations, donner le faible supplément de quantité demandé. Pas un homme qui connaît l'Algérie pour l'avoir pratiquée ne contestera sérieusement que la France peut y trouver, quand elle voudra, 25,000 engagés et plus.

Que si, au contraire, il s'agit d'atteindre des chiffres n'ayant rien de commun avec ce qui est actuellement, s'il s'agit, par exemple, de 50,000 hommes et plus, sans compter la Tunisie, c'est un enfantillage de croire qu'il suffira de convoquer, d'une façon ou d'une autre, 50,000 ou 60,000 Arabes, de leur mettre un fusil entre les mains, de leur apprendre à s'en servir, et de s'endormir tranquillement, fier de l'œuvre accomplie : on risquerait des réveils mouvementés !

Or, actuellement, avec moins de 20,000 volontaires, c'est-à-dire avec moins de 20,000 Arabes qui sont soldats parce qu'ils le veulent bien, dirait très justement M. de La Palisse, parce qu'ils sont même contents de l'être, nous trouvons bon d'entretenir, dans les trois provinces d'Algérie, plus de 50,000 hommes, soit notablement plus d'un Européen par indigène. Il n'y a pas bien longtemps encore, la proportion était de deux européens pour un indigène. Avec 50,000 ou 60,000 indigènes non volontaires, traduisons soldats incorporés le plus souvent malgré eux, il faudra une proportion au moins aussi forte d'Européens pour assurer la sécurité. En descendant à la proportion d'un Européen pour un indigène, il est encore nécessaire d'envisager, pour les trois provinces algériennes, une armée d'occupation de 100,000 à 120,000 hommes. Avec la Tunisie, on ne sera pas loin de 150,000 hommes.

En Tunisie, objectera-t-on, il n'en est pas ainsi ; en Tunisie, où nous enrôlons des indigènes non volontaires, nous entretenons à peine un soldat européen par soldat indigène. Pourquoi n'en serait-il pas de même en Algérie ? Tout simplement parce que l'Algérie n'est pas la Tunisie. Si la province de Constantine ressemble assez à la Régence, la province d'Oran en diffère du tout au tout, ne fût-ce que par le voisinage du Maroc. Et puis, en Tunisie, c'est le bey qui ordonne, qui est censé ordonner le service militaire ; en Algérie, c'est la France. Cela peut sembler une nuance sans importance, aux yeux d'un citoyen des bords de la Seine ou de la Garonne ; cela en a une pour un musulman de l'Algérie. Qu'on le veuille donc ou non, si l'on prévoit pour l'Algérie et la Tunisie une levée de 60,000 à 70,000 indigènes, il faut envisager la création dans le Nord de l'Afrique d'une force militaire de 120,000 à 130,000 hommes au moins, d'aucuns pensent, non sans apparence de raison, 150,000 hommes.

Que de soldats, que de soldats, dira-t-on ? C'est le tiers de l'armée française du temps de paix ! Où trouver les uns, et que faire des autres ? C'est pourtant ainsi que la question se pose. Si on ne trouve pas le moyen d'équilibrer, en Algérie, la force armée arabe, il faut renoncer à la lever, comme dangereuse. Si on ne peut prévoir la façon d'utiliser la puissance militaire formidable que constituerait un tel rassemblement de troupes dans l'Afrique du Nord, il faut encore y renoncer, comme inefficace au point de vue de l'intérêt général de l'empire français. Examinons donc d'abord ces deux questions préliminaires, et, si l'examen en est favorable, il sera temps de nous demander si nous avons le droit et le pouvoir d'incorporer les indigènes d'Algérie.

II

Ce n'est pas qu'on se soit absolument désintéressé, jusqu'ici, de ces deux questions préjudicielles. Mais il n'en a été fait que des études superficielles ou fantaisistes, et les solutions présentées ne supportent généralement pas l'examen.

Il y a, par exemple, les amateurs de solutions simples, qui raisonnent à peu près comme il suit : Nous avons, en ce moment, 20,000 indigènes sous les armes en Algérie ; j'en lève 60,000, et j'en transporte 40,000 en France. De cette façon, il n'y a rien de changé en Algérie, et je me procure en France une douzaine de régiments sur le pied de guerre qui me permettent, soit d'y constituer trois divisions de plus, soit d'étoffer les corps d'armée existants.

C'est parfait, c'est séduisant même, et pourtant c'est impraticable, car on ne transporte pas ainsi 40,000 hommes d'un milieu dans un autre. Dans tous les cas, il serait infiniment moins dangereux de transporter ces 40,000 Arabes à Madagascar ou dans toute autre colonie, qu'en France ; car, au milieu de notre civilisation étroitement réglementée, leurs habitudes d'indépendance, leurs mœurs spéciales, leurs goûts de toute nature seraient dans une gêne perpétuelle ; le mécontentement qui en résulterait serait considérable ; il aurait sa répercussion dans les tribus, et la désaffection du service militaire, peut-être même de la domination française, s'ensuivrait fatalement.

On avait toutes les peines du monde, sous l'Empire, à entretenir à Paris un bataillon de tirailleurs et un escadron de spahis. Les mêmes tirailleurs et spahis, convoqués à Bétheny pour défiler devant le tsar, n'avaient qu'un désir, après quinze jours de fêtes et d'ovations de toutes sortes : retourner là-bas, retrouver leur couscous, leur café à un sou, leur moukère à dix-sept sous, leurs marabouts, leur marché arabe, leur soleil, etc... Sans parler de la dépense résultant de ces transports incessants d'Algérie en France et de France en Algérie : c'est une considération qui n'est pourtant point négligeable, en ces temps de budgets laborieux.

Il y a aussi les gens qui, raisonnant moins mal, raisonnent à faux quand même, et qui disent : nous avons en ce moment, en Algérie, 20,000 indigènes et 30,000 à 35,000 Européens. Avec 50,000 indigènes, il faudrait au moins de 50,000 à 60,000 Européens, soit 20,000 de plus environ. Pour fournir cet appoint, sans rien déranger dans notre organisation militaire actuelle, il suffirait d'envoyer nos régiments coloniaux en Algérie.

Sans doute cette solution a ses charmes. Outre le charme de la simplicité, elle a l'apparence de la logique, puisque l'Algérie est une colonie, puisque l'armée d'Afrique est considérée comme la réserve de l'armée coloniale. Mais on oublie que nos régiments coloniaux stationnés en France, en admettant, ce qui n'est pas exact, qu'ils fournissent l'effectif demandé, on oublie qu'ils comptent une forte proportion de gens fatigués par leurs séjours coloniaux antérieurs, de gens qui sont en France pour se refaire en vue de nouvelles campagnes coloniales. Or, ces gens-là seraient des victimes toutes désignées pour les fièvres de Bône, de Bougie, d'Alger et de mille autres garnisons dont la salubrité est certainement inférieure à celle de Tananarive ou de Nouméa.

Quand, se trouvant soi-même bien en sûreté, on dit, en souriant d'un air entendu : « Un tel, il a fait campagne à Alger ! », on entend parler d'une campagne à l'eau de rose, récoltée sans peine dans le plus enviable des eldorados. Malheureusement, toute autre est la réalité. L'Algérie est la colonie où l'on marche le plus, où l'on se bat le plus, où l'on meurt le plus. Bien certainement elle n'est pas le sanatorium rêvé pour des coloniaux qui, après deux années de séjour « en France », sortiraient d'Alger, ou d'autre part, anémiés, impaludés déjà, et ne seraient propres qu'à faire une bien triste figure dans les rizières du Boeni ou de la Cochinchine.

Il y a aussi l'intérêt de l'armée d'Afrique qui est en jeu, ou, plus exactement, l'intérêt de la mission qui lui incombe. L'Algérie est, avons-nous dit, — il suffit d'une observation un peu attentive pour s'en convaincre, — la colonie où l'on se bat le plus. Elle est celle qui, par les distances comme par le climat, exige les plus grands efforts physiques de la part des troupes qui y sont stationnées. Jamais les régiments coloniaux ne supporteraient, dans leur ensemble, les marches usuelles en Afrique, simplement en vue des manœuvres et du service courant. Malgré leur valeur incontestable, ils ne pourraient que déconsidérer, de ce fait, le soldat français aux yeux du soldat indigène. Le zouave d'un an n'a que trop fait déjà pour cette déconsidération. Dans ces conditions, au moment d'un départ inopiné, s'il fallait défalquer tous les convalescents, quels effectifs aurait-on avec les régiments coloniaux? Et ceux qui seraient allés au Maroc, ou seulement à la frontière marocaine, seraient-ils disponibles pour leur tour normal de départ colonial? S'ils le sont, ils se trouveront déjà fatigués au départ; s'ils ne le sont pas, qui assurera la relève coloniale? De l'infanterie de ligne ou des zouaves!... Laissons donc à chacun son métier.

Tous ceux qui ont demandé l'envoi de nos régiments coloniaux au Maroc n'avaient pas pesé ces objections. On ne pense pas à tout! Pour envoyer au Maroc trois bataillons d'infanterie coloniale de 800 hommes chacun, il aurait fallu écrémer les trois divisions, bouleverser la mobilisation en France et compromettre la relève des colonies, dont l'infanterie coloniale est normalement chargée.

Plus sages sont ceux qui, en ce moment même, rêvent la création d'une armée française noire ayant, entre autres missions, celle de garder l'Algérie. La question vaut d'être étudiée; l'armée noire est réalisable, sans doute, aux mêmes conditions que l'armée arabe. Et, dans le cas où l'Empire français serait menacé dans l'Afrique du Nord, il n'est pas défendu d'envisager l'armée noire accourant à la rescousse. Mais assurer d'une façon permanente la garde de l'Algérie, en neutralisant les contingents arabes, par des contingents noirs, c'est une utopie grosse des plus graves déceptions.

La civilisation noire est inférieure à la civilisation arabe. Or, c'est une loi de l'histoire, le moins civilisé peut vaincre et conquérir le plus civilisé, mais il ne peut garder sa conquête, il est absorbé par elle. Les Arabes ont le plus grand dédain pour le « négro »; dans tous les régiments de tirailleurs algériens, on connaît ces tirailleurs noirs, recrutés dans l'extrême Sud, et dont le nom patronymique est invariablement « Soudan ». On sait le cas qu'en font leurs camarades. Ou nous imposerions nos contingents noirs, au risque de mécontenter gravement les populations arabes, qui considéreraient une telle garde comme une injure, ou nous ne les imposerions pas, et ils tomberaient dans une situation qui les rendrait fâcheusement inaptes à leur rôle de gardiens de l'Algérie. Loin de là, les Soudanais amenés en Algérie, et y stationnant, deviendront infailliblement musulmans; devenus tels, ils fourniront un renfort éventuel à l'insurrection, au lieu d'être un obstacle pour elle[1].

---

[1] Insistons sur ce point que l'argumentation qui précède vise une occupation permanente de l'Algérie en temps de paix par des contingents noirs. Toute objection contre cette occupation tombe en cas de conflit général justifiant l'appel des contingents noirs en Algérie et même en Europe. (*Note de l'auteur.*)

Enfin, il y a le point de vue du prestige de la France, qu'il est imprudent de perdre de vue et qui exige la présence en terre conquise de soldats français éprouvés.

Est-ce à dire que la question soit insoluble ? Est-ce à dire même que, la question étant résolue, elle ne puisse se traduire pour nous que par un effort nouveau, consistant à trouver un nombre respectable de milliers d'hommes pour équilibrer nos opulentes levées d'indigènes algériens ? Non, la question est parfaitement soluble ; elle semble même de nature à opérer un accroissement de notre force militaire d'ensemble sans exiger aucune compensation d'aucun côté. Pour le démontrer, supposons la première question résolue : supposons, par exemple, 60,000 indigènes incorporés en Algérie, dûment encadrés d'un nombre suffisant d'Européens, et traitons la deuxième question : que va-t-on faire de cette armée ? En d'autres termes : quelle en sera l'utilisation appropriée à sa constitution particulière ?

Chaque fois que l'on étudie une question militaire ou maritime, c'est par là que l'on devrait commencer. Il faut un programme. C'est le programme qui fournira les bases de l'organisation à réaliser. Ce programme résulte de la politique extérieure du pays intéressé, résultant elle-même du rôle que s'attribue ce pays dans la politique universelle. Avec un programme précis, on sait où l'on va, on sait ce qu'on veut, on sait ce qu'on doit. Quel est le programme naval anglais, par exemple ? Équilibrer les deux puissances navales les plus fortes. Donc, quand ces deux puissances mettent en chantier à elle deux cinq cuirassés, l'Angleterre en met six. Quel est le programme militaire allemand ? Surpasser la puissance militaire de toute nation en général, de la France en particulier. Quand nous votons un effectif budgétaire de tant, l'Allemagne répond immédiatement par un chiffre plus élevé ; quand nous renforçons notre artillerie, l'Allemagne renforce la sienne, et quand nous incorporerons

60,000 Arabes, soyons sûrs que l'Allemagne cherchera un moyen d'équilibre dans les abondantes ressources de son recrutement, qu'elle n'utilise pas intégralement.

Quel est donc le programme de la France? Ou plutôt, quel devrait-il être? Car, bien entendu, ce programme, s'il existe, a peu de confidents. Pour imaginer quelque chose de rationnel, il faut prendre pour point de départ la conception de l'Empire français, rappelée au début de cette étude. L'Empire français comprend une masse centrale, consistant en deux parties essentielles, réunies par une mer intérieure, la France proprement dite et l'Afrique du Nord, installées sur les deux rives de la Méditerranée. Voilà le pivot de sa puissance; c'est là que se trouve le centre de gravité de sa masse, influencé d'une façon secondaire par les appendices que sont les possessions d'Asie, d'Amérique, de l'Afrique orientale ou d'Océanie.

Quels sont les genres d'action militaire à prévoir pour cet organisme ainsi défini? Ils apparaissent de trois sortes : 1° Lutte sur mer, dans les eaux européennes : c'est le type d'une guerre franco-anglaise; 2° Lutte sur terre, sur l'une ou l'autre de nos frontières, ou sur toutes les frontières à la fois : c'est le type d'une guerre franco-allemande; 3° Action dans les mers lointaines, défense des colonies, répression d'insurrection, démonstration navale : c'est le type de l'intervention européenne en Chine en 1900. Examinons chacun de ces trois cas.

Dans le cas d'une guerre navale avec l'Angleterre, nous admettons le principe de l'infériorité absolue de la flotte française. Cette flotte, si elle n'est surprise à la japonaise, et mise hors de combat dès le début, s'abritera dans des refuges préparés à l'avance, à l'affût d'une occasion heureuse, comme un faible audacieux et vigilant peut toujours en espérer. Même si cette flotte est inférieure à la flotte anglaise trop notablement pour pouvoir apparaître en haute mer, protéger notre commerce et nos colonies lointaines, elle pourra peut-être tenir, même à forces très inégales, sur la base Toulon—la Corse—Bizerte. Dans tous les cas, c'est sur cette base qu'il faudra concentrer toute notre puissance navale, soit pour y combattre, soit pour s'y abriter. La lutte maritime proprement dite n'aura pas lieu.

Dans ces conditions, que pourra la marine anglaise contre l'Empire français? Sur mer, tout ce qu'elle voudra : infliger de graves pertes à notre commerce ; violer les colonies lointaines, peu ou point défendues, Antilles, Calédonie, etc. ; essayer peut-être une occupation des grandes colonies, Indo-Chine, Madagascar. Pourtant ce serait déjà une grosse opération qu'il n'est pas à propos de discuter ici. Ces actions de guerre, pour douloureuses qu'elles soient, ne sauraient avoir une influence décisive sur l'issue de la lutte. La décision, il faut la chercher ailleurs, dans les œuvres vives. Mais, contre la masse même de l'empire France-Afrique, l'Angleterre serait à peu près impuissante. Des insultes contre certains points du littoral français? Toutes les dernières guerres, guerre hispano-américaine, guerre russo-japonaise, montrent ce qu'il faut penser de ce genre d'opérations. Des insultes analogues contre le littoral algéro-tunisien? Même efficacité pour les mêmes raisons. Un débarquement en France? Ce serait une opération à souhaiter pour nous, et, si les Anglais la tentaient, il serait de bonne tactique de leur préparer tous les appontements nécessaires. *Il faut qu'il en soit de même en Algérie.* Dans une lutte contre l'Angleterre, la clef de la puissance française est en Afrique. *Et c'est pour cela que, en prévision d'un conflit avec une grande puissance navale, il importe que l'Algérie soit armée pour résister, par ses seuls moyens, aux ennemis du dehors et du dedans.*

Passons maintenant au cas d'une guerre avec une grande puissance continentale, l'Allemagne par exemple. Admettons aussi que notre puissance navale, concentrée sur la base Toulon—la Corse—Bizerte, soit de taille à assurer intégralement nos communications avec l'Algérie. La lutte décisive se passera sur terre. Toutes les forces de la France, comme celles de l'Allemagne, convergeront vers notre frontière de l'Est. Toutes les forces de l'Algérie pourront et devront y être amenées, elles aussi ; car on n'est jamais trop fort pour cette première grande bataille, qui décidera probablement du sort de la guerre. L'Algérie jouera le rôle d'allié de la France : on ne saurait donc prévoir un trop grand nombre de bataillons algériens disponibles pour la guerre de France. *Et l'installation d'une grande force militaire dans le Nord de l'Afrique, indispensable pour une guerre franco-anglaise, est précieuse pour une guerre franco-allemande, à condition que nous conservions une maîtrise incontestée dans le bassin occidental de la Méditerranée.*

Les deux cas qui viennent d'être envisagés nous conduisent donc à ces conclusions :

a) *Guerre franco-anglaise.* — Une armée française aussi forte que possible pour écarter même une velléité de débarquement en France ; — une armée algérienne remplissant les mêmes conditions pour l'Afrique du Nord ; — une forte base en Méditerranée, Toulon — la Corse — Bizerte, pour maintenir unies autant que possible ces deux parties de l'Empire, abriter notre flotte inférieure en nombre, lui permettre éventuellement d'utiliser une occasion favorable.

b) *Guerre franco-allemande.* — Une armée française aussi forte que possible, pour combattre à la frontière ; — une armée algérienne aussi forte que possible, pour renforcer l'armée française ; une forte base en Méditerranée, Toulon — la Corse — Bizerte, pour assurer *intégralement* les communications entre les deux parties de l'Empire et permettre l'arrivée à temps de l'armée d'Afrique aux côtés de l'armée française.

De sorte que les deux éventualités envisagées peuvent se concilier ainsi : *une armée française aussi forte que possible*, c'est ce qui existe. *Une armée algérienne outillée pour la guerre d'Europe et aussi forte que possible*, c'est ce qu'il s'agit de créer avec le concours des indigènes. *Une union complète des deux armées à travers le bassin occidental de la Méditerranée par une organisation appropriée de notre armée navale et de ses bases d'opérations.*

Dans le troisième cas, celui d'une action au loin, il faut que la France dispose d'une force navale susceptible d'y transporter son pavillon avec honneur, et d'une force expéditionnaire toujours prête à y être transportée au premier signal. L'armée d'Afrique devrait donc recevoir une organisation prévoyant la disponibilité, pour toute direction et toute éventualité, d'un corps expéditionnaire d'un effectif et d'une composition à déterminer, susceptible d'ailleurs de se fractionner à la demande des situations. Elle serait ainsi la véritable réserve de l'armée coloniale, chargée d'assurer le service courant : c'est bien avec les réserves que le chef pare à l'imprévu.

Quant à la répartition de nos forces navales, elle conduirait à la création, comme en Angleterre, d'une flotte territoriale (*Home fleet*) stationnée dans la Méditerranée ; armée navale aussi puissante que le permettraient les ressources de toute nature de la France disposant, elle aussi, d'une escadre expéditionnaire, de formation appropriée aux missions à prévoir partout où le pavillon français doit se montrer entouré d'un certain appareil. En temps normal, cette escadre expéditionnaire fournirait les bâtiments chargés des croisières lointaines. Cette question ne sera pas étudiée ici plus en détail.

Si nous nous en tenons donc à la conception générale des possibilités militaires à réaliser par l'Empire français, savoir : une puissante armée française, une puissante flotte de la Méditerranée, une armée algérienne aussi puissante que possible, comme annexe et alliée de l'armée française, nous avons la justification demandée au point de départ, et nous ne sommes plus trop effrayés en constatant que, si nous incorporons 60,000 ou 70,000 indigènes en Algérie et en Tunisie, il faut prévoir comme conséquence l'installation dans l'Afrique du Nord d'une armée atteignant l'effectif minimum de 120,000 à 150,000 hommes.

III

Le principe étant admis, serrons d'un plus près la difficulté et, revenant à la première question, examinons comment sera composée exactement cette armée dans ses différents éléments, Européens et indigènes, quelles sont les doses auxquelles on peut définitivement s'arrêter pour chaque élément.

D'après le rapport de M. Cochery, on arriverait facilement à lever 50,000 indigènes en Algérie, engagés volontaires et appelés. Quant à la Tunisie, elle fournit actuellement 6,000 à 7,000 hommes; les effectifs pourraient même être encore augmentés aujourd'hui, dit M. Cochery. Raisonnons donc sur un chiffre de 60,000 indigènes entretenus sous les armes à un titre quelconque dans l'Afrique du Nord. Comment va-t-on encadrer et organiser ces 60,000 hommes?

Pour répondre à cette question, nous procéderons d'après la même méthode que nous avons suivie précédemment, à propos de l'empire français tout entier. Quelles sont les actions militaires à prévoir pour l'armée algérienne? Elles sont de trois sortes : 1º assurer la sécurité immédiate et permanente de l'Algérie-Tunisie ; 2º renforcer l'armée française en cas de guerre continentale ; 3º Concourir à l'occupation permanente de nos colonies et fournir éventuellement un corps expéditionnaire pour toute destination, dans des conditions exceptionnelles de rapidité et de solidité. L'armée d'Afrique serait ainsi la fusion, la superposition des trois éléments, tels que, si la France y prélevait pour sa défense deux, trois ou quatre corps d'armée, si elle envoyait en même temps un corps expéditionnaire d'une vingtaine de mille hommes n'importe où, au Maroc, par exemple, il restât dans la colonie les éléments nécessaires et suffisants pour y prévenir toute entreprise contre notre domination.

Or, ces différentes missions ne comportent pas les mêmes éléments. Pour l'occupation de nos colonies, il faut des troupes, blanches ou indigènes, composées de volontaires anciens soldats : de tirailleurs tels que ceux d'aujourd'hui, et de légionnaires, l'élément purement français étant fourni par l'armée coloniale. Pour un corps expéditionnaire hors d'Europe, il faut les mêmes éléments, avec un solide noyau de troupes françaises, genre infanterie coloniale, genre zouaves d'autrefois, des Français volontaires et engagés à long terme ou rengagés. Pour la police de l'Algérie, il faut quelques troupes françaises, avec une assez forte proportion de cavalerie. Pour la guerre continentale, les appelés, Français et indigènes, sont utilisables même au prix d'un service à court terme, sans négliger, bien entendu, les éléments précités, s'ils se trouvent disponibles.

On le voit donc, nos troupes indigènes proprement dites devront comporter une certaine proportion d'engagés et de rengagés, des soldats de carrière pour les services coloniaux ou expéditionnaires, même au cas où l'on adopterait le système de la conscription, mitigée ou non, qui semble avoir toutes les faveurs actuellement. Quant aux troupes européennes, indépendamment de la légion étrangère, elles devront comprendre un noyau de vieilles troupes françaises, l'appoint étant fait par des appelés qui comprendront d'abord le contingent algérien, ensuite, si c'est nécessaire, un prélèvement sur le contingent de France. Ce prélèvement serait appelé à disparaître à mesure que l'effectif des engagés augmenterait. En somme, l'armée d'Afrique apparaît, dans ses éléments de nationalité française, comme une armée de professionnels, dont l'appoint serait fourni par le contingent algérien et, exceptionnellement, par des éléments empruntés au contingent français du continent. Quel serait cet appoint?

Nous avons admis 60,000 hommes de troupes indigènes. Ce serait un maximum de présents effectivement en Algérie et Tunisie, si on admet qu'un certain nombre de bataillons seront constamment détachés dans nos colonies ou corps expéditionnaires, à Casablanca, à Diégo-Suarez ou dans l'Imerina, dans le haut Tonkin, etc.; en un mot, dans les colonies dont le climat conviendrait aux Arabes. Le nombre de soldats européens à prévoir à côté d'eux, pour l'équilibre, pourrait donc être diminué en conséquence. Il serait diminué encore, si l'on admet que, sur ces 50,000 à 55,000 présents en Algérie-Tunisie, une certaine partie affectée, en petit nombre, à l'artillerie, au train, à la marine, etc., comme auxiliaires, seront noyés dans l'élément européen. En fait, il n'y aura jamais en Algérie 50,000 indigènes formant des corps spéciaux, et il semble qu'un effectif de 50,000 à 60,000 Européens soit pleinement suffisant pour équilibrer un effectif de 60,000 indigènes incorporés.

Or, nous avons déjà 10,000 légionnaires, effectif qui pourrait être encore augmenté notablement, 4,000 à 5,000 soldats des bataillons d'Afrique et compagnies de discipline, 10,000 hommes du contingent algérien, dont le nombre va s'accroître rapidement, soit de 25,000 à 30,000 hommes. Il ne resterait donc à trouver que 20,000 à 25,000 hommes, sur lesquels il faudrait au moins 10,000 à 15,000 rengagés. On le voit, il ne resterait que 10,000 à 15,000 hommes, au plus, à prélever sur le contingent français. Ce chiffre est inférieur à celui des soldats de France que nous envoyons actuellement en Algérie.

L'effort à donner par la métropole serait donc insignifiant, à condition de faire rendre aux éléments existants tout ce qu'ils peuvent donner; à condition surtout de prendre les mesures propres à créer un courant d'engagements suffisant pour alimenter les corps spéciaux à l'armée d'Afrique, zouaves et chasseurs d'Afrique. Et si un léger effort en hommes ou en argent était nécessaire, qui ne voit qu'il serait amplement payé par l'existence, dans l'Afrique du Nord, d'une armée de quatre à cinq corps d'armée de 25,000 à 30,000 hommes chacun en temps de paix.

A y regarder de plus près, on trouve même qu'il ne serait pas impossible, pour la métropole, d'y réaliser une économie en hommes. Cette économie résulterait des unités ou des hommes que rendraient disponibles les unités ou hommes de l'armée d'Afrique utilisés à leur place. En premier lieu, les quatre bataillons de zouaves détachés en France; puis les bataillons d'infanterie coloniale, que l'on pourrait remplacer dans certaines colonies par des bataillons de tirailleurs; enfin, les hommes qui, pour certains emplois, dans certaines armes pourraient être remplacés par des auxiliaires indigènes. L'Arabe est un bon terrassier, un excellent conducteur de mulets; il trouverait un emploi avantageux dans le train des équipages, dans l'artillerie de montagne ou l'artillerie à pied, dans le génie, comme il l'a déjà trouvé dans les sections des commis et ouvriers d'administration, dans les sections d'infirmiers et dans la marine. Les coloniaux économisés fourniraient des engagés et rengagés pour les zouaves; les autres militaires économisés seraient avantageusement répartis dans les unités un peu anémiques de nos dix-neuf corps d'armée métropolitains.

Quelle serait l'organisation de cette armée? Les chiffres approximatifs que nous avons admis sont les suivants :

Indigènes	60,000	hommes.
Légion	12,000	—
Bataillons d'Afrique	5,000	—
Contingent algérien	10,000	—
Engagés	15,000	—
Appelés	13,000	—
TOTAL	115,000	hommes,

non compris les réserves. Ces effectifs, répartis en unités, donneraient, ou pourraient donner,, 110 bataillons de 800 hommes, davantage même, en comptant à 600 hommes seulement les bataillons du contingent algérien et des appelés de France, susceptibles de recevoir des réservistes d'Algérie ; une soixantaine d'escadrons de cavalerie à plein effectif, et une centaine de batteries d'artillerie à 100 hommes, tout en laissant disponibles quelques milliers d'hommes pour les divers services et pour la marine.

Tous ces bataillons, escadrons et batteries pourraient être groupés dans l'Afrique du Nord en grosses unités, divisions ou corps d'armée, n'ayant pas nécessairement le même type que les unités du même nom stationnées en France, mais pourvues de tout ce qui est nécessaire pour vivre et combattre. On pourrait former 4 ou 5 corps d'armée d'environ 24 bataillons, comme nos corps d'armée de France, ou 8 à 10 divisions de 12 à 15 bataillons, organisées, soit à la japonaise, soit comme nos divisions de réserve. En cas de mobilisation sur le continent, ces divisions débarqueraient en France avec tous leurs accessoires, artillerie, cavalerie et services ; elles pourraient être groupées en corps d'armée, suivant les besoins, ou en groupes de divisions, comme nos divisions de réserve, et recevraient en France leur artillerie de corps. Peu importe, d'ailleurs, la solution adoptée, la valeur d'une armée ne dépendant pas absolument de son compartimentage, mais bien plutôt de son instruction, de son entraînement, de ses sentiments et de la valeur de son commandement.

Dans chaque corps d'armée ou division, les bataillons seraient groupés en régiments de type variable, suivant leur nature et leur destination. Le type à cinq bataillons sembleraient tout indiqué pour les régiments de tirailleurs, qui auraient trois bataillons disponibles pour la mobilisation en France, un bataillon employé effectivement aux colonies, un bataillon disponible pour la relève ou pour un corps expéditionnaire : ces deux derniers bataillons exclusivement composés de volontaires engagés ou rengagés. Le type à 3 ou 4 bataillons conviendrait aux régiments de zouaves, en maintenant distincts les bataillons destinés au corps expéditionnaire, à effectif de 800 hommes, composés d'engagés et de rengagés, et les bataillons composés d'appelés d'Algérie ou de France, mobilisables en France seulement. Les bataillons de légion et les bataillons d'Afrique seraient, naturellement, groupés entre eux, en régiments de 3, 4 ou 5 bataillons, tous utilisables pour les colonies ou pour un corps expéditionnaire.

Cette solution n'est pas unique, bien entendu. Elle conserve à l'armée d'Afrique sa physionomie actuelle, ce qui a bien son intérêt ; mais d'autres solutions aussi acceptables peuvent être et ont été envisagées ; elles ne diffèrent de la précédente que par le mode de groupement des bataillons, et aussi par la formation de corps spéciaux de volontaires, français ou indigènes, appelés à servir à long terme et à prendre part aux expéditions coloniales de toute nature. On aurait ainsi des régiments de tirailleurs du modèle actuel, à côté des régiments d'infanterie indigène d'un modèle nouveau ; des régiments de zouaves, du modèle créé au temps de la conquête, à côté de régiments d'infanterie algérienne. Cette façon d'envisager la distribution de l'armée d'Afrique aurait l'avantage de sauvegarder l'esprit des corps d'ancienne formation ; elle aurait l'inconvénient de priver les corps de formation nouvelle de l'expérience et de l'entraînement des anciens.

Pour la cavalerie, il serait procédé à une répartition analogue, d'après les mêmes principes : les régiments de spahis et les régiments de chasseurs d'Afrique, à cinq ou six escadrons, comportant des escadrons d'anciens soldats, toujours et immédiatement mobilisables, à côté des escadrons d'appelés, du modèle de nos escadrons de France. Une excellente mesure serait la création d'escadrons de légion, qui attireraient dans ce corps des engagés encore plus nombreux et qui seraient d'une instruction facile, l'élément constitutif habituel de la légion comportant une forte proportion d'anciens cavaliers.

Quant à l'artillerie et aux services, ils seraient attribués à chaque division ou corps d'armée suivant sa mission spéciale et suivant la nature du pays où chacun d'eux serait vraisemblablement appelé à opérer. Le tableau ci-contre donne, à titre d'indication, le type d'une organisation divisionnaire, telle qu'elle pourrait être réalisée dans l'Afrique du Nord, avec les éléments et d'après les principes qui ont servi de base à la discussion qui précède.

L'organisation ci-après permettrait une mobilisation générale pour la guerre continentale ou africaine, indifféremment suivant le système divisionnaire ou suivant le système du corps d'armée. Les divisions, mobilisées avec tous leurs éléments disponibles et tous les osganes nécessaires en artillerie et en cavalerie, pourraient conserver leur autonomie ou former des corps d'armée correspondant aux grands commandements dont elles relèvent en temps de paix, et dont le chef aurait, par conséquent, le rang de commandant de corps d'armée.

Naturellement, il faudrait instituer, aux côtés du gouverneur général de l'Algérie, un commandant supérieur des troupes, comme il en existe dans toutes les colonies d'ailleurs, qui serait tout indiqué pour être le commandant en chef de l'armée d'Afrique, et dont la place serait au Conseil supérieur de la Guerre.

COMMANDEMENTS SUPÉRIEURS.	DIVISIONS.	BATAILLONS D'INFANTERIE.					ESCADRONS DE CAVALERIE.				BATTERIES D'ARTILLERIE.			OBSERVATIONS.
		Tirailleurs.	Légion.	Bataillons d'Afrique.	Zouaves engagés.	Zouaves appelés.	Spahis.	Légion.	Chass. d'Afr. engagés.	Chass. d'Afr. appelés.	à pied.	de campagne.	de montagne.	
Tunisie...... {	Tunis...........	5	»	3	2	2	5	»	2	»	»	9	3	12 bat. dont 5 bat. colon. ou expédit. 7 escadrons. 12 batteries.
	Bizerte.........	10	»	»	1	2	5	»	»	3	6	6	»	13 bat. dont 1 bat. expédit. 8 escadrons. 12 batteries (garnison de Bizerte).
Algérie...... {	Bône...........	10	»	»	1	2	»	»	2	3	»	9	3	13 bat. dont 5 bat. expédit. ou coloniaux. 5 escadrons. 12 batteries.
	Sétif...........	10	»	3	1	2	5	»	»	»	»	6	6	16 bat. dont 8 bat. expédit. ou coloniaux. 5 escadrons. 12 batteries.
	Blidah.........	5	4	»	1	2	5	»	2	3	»	6	6	12 bat. dont 7 bat. expédit. ou coloniaux. 10 escadrons. 12 batteries.
	Alger.........	10	»	»	2	2	5	»	2	3	4	9	»	14 bat. dont 6 bat. expédit. ou coloniaux. 10 escadrons. 13 batteries (garnison d'Alger).
Frontière marocaine.... {	Oran...........	10	4	»	2	2	5	5	»	»	2	9	6	18 bat. dont 10 bat. expédit. ou coloniaux. 10 escadrons. 17 batteries (garnison d'Oran).
	Aïn-Sefra........	10	5	»	2	2	5	5	»	»	»	9	6	19 bat. dont 11 bat. expédit. ou coloniaux. 10 escadrons. 15 batteries.
TOTAUX.............		70	13	6	12	16	35	10	8	12	12	63	30	

IV

N'insistons pas, d'ailleurs, sur ce projet d'organisation, qui n'a qu'un intérêt purement spéculatif. Retenons-en seulement le point de départ : la levée de 60,000 indigènes d'Algérie et Tunisie permet, ou nécessite, la création dans le nord de l'Afrique d'une armée française de 120,000 à 150,000 hommes, assurant notre domination incontestée sur le continent africain, contre tout ennemi intérieur ou extérieur, et susceptible de nous assurer en cas de guerre franco-allemande, si nous savons garder la maîtrise de la Méditerranée, un appoint supérieur à celui que nous promet l'entente cordiale, même avec l'armée anglaise régénérée. Il y a bien là de quoi justifier maintenant la question initiale : Pouvons-nous incorporer les indigènes d'Algérie ?

La réponse est toute faite, et on pourrait s'en tenir là : nous le pouvons, puisque nous le faisons, puisque nous l'avons toujours fait. Au lendemain de la conquête, au cours de la conquête plutôt, car elle est terminée d'hier, nous n'avons cessé de nous approprier les droits du souverain précédent, le Turc, en constituant des corps de troupes indigènes Les deux premiers bataillons, formés dès 1831, ne sont que la transformation de l'ancienne milice turque. Par la suite, l'institution va sans cesse en se développant. Nous avions 2 bataillons en 1831, nous en avons 3 en 1841, 9 en 1854, 12 en 1871, 16 (y compris la Tunisie) en 1884, 24 en 1899, 26 en 1907.

Non seulement l'institution a pris l'extension que nous venons de dire ; mais encore, ce qui a son importance, elle l'a prise sans effort, sans à-coup, et n'a cessé de faire

ses preuves au cours de son développement. La réserve
d'hommes qu'attire le métier des armes en Algérie
semble inépuisable. En 1895, au mois de février, le
3e tirailleurs expédie un bataillon de 800 hommes à
Madagascar ; au 14 juillet suivant, le régiment ne défilait
pas moins avec ses quatre bataillons, dont les engagements avaient, en trois mois, recomplété les effectifs.

Avec la quantité nous avons eu la qualité. Les tirailleurs ne sont pas les premiers soldats du monde, comme
le pensent ceux qui ont l'honneur et le bonheur de les
commander ; mais, après le soldat français, ils sont com-
parables à n'importe quel soldat, européen ou autre. Ils
ne sont pas difficiles à conduire, quand on trouve la formule. Cette formule, tout le monde ne la découvre pas
du premier coup, certains ne la découvrent jamais. C'est
là qu'il faut chercher, pour une grande part, l'explica-
tion du nombre relativement élevé de détracteurs qu'ils
ont parfois rencontrés, au Tonkin principalement. Montez
un méchant cavalier sur un pur sang un peu chaud ;
notre cavalier d'occasion aura des mécomptes, et, s'il a
quelques prétentions en équitation, il déclarera que sa
monture est une rosse ! Tous ceux qui ont su se servir des
tirailleurs, ont fait avec eux des merveilles ; à Madagascar, ils étaient la terreur des Favalos ! Ni plus ni
moins que des Prussiens en 1870.

S'il en est ainsi, si les méthodes de recrutement jusqu'ici employées ont fait leurs preuves, pourquoi ne pas
les continuer, en s'efforçant d'en obtenir davantage, jusqu'à concurrence de l'effectif désiré ? C'est, répond-on,
que le recrutement par engagements a une limite, et que,
cette limite, nous sommes près de l'atteindre. Il faut
donc chercher autre chose. Et cette autre chose, c'est, ce
ne peut-être que le recrutement par voie d'appel.

En sommes-nous vraiment là ? Des voix très autorisées l'affirment. Des voix non moins autorisées, car elles
se rencontrent surtout parmi les professionnels, assurent

le contraire. La seule façon de s'en assurer d'une façon péremptoire serait d'essayer. Au moment où on se trouverait arrêté, au moment où les engagements ne donneraient plus rien, mais alors seulement, il serait opportun de chercher dans une autre voie. Et, du moins, on aurait la satisfaction d'avoir fait rendre le maximum au système qui assure la qualité et la sécurité.

Mais, dira-t-on, la preuve que nous sommes au voisinage de la limite des engagements, c'est que nous avons déjà constaté des fléchissements dans le rendement du recrutement, tel qu'il se pratique actuellement. C'est exact; à certains moments, la source des engagements a paru tarie. C'est, dit-on, que l'on était à la limite. C'est sûrement pour une autre raison, répondons-nous, puisque les engagements ont, le plus souvent, repris à une époque ultérieure. Les engagements ont été difficiles en 1896, par exemple, quand les convoyeurs kabyles de Madagascar sont rentrés, en si petit nombre, hélas, et se plaignant moins d'être morts à la peine que d'être morts le fouet à la main, sans avoir tenu un fusil et fait parler la poudre, comme on le leur avait imprudemment promis. Les engagements ont repris, d'ailleurs, dès que le malentendu a été dissipé.

Ils ont diminué encore, les engagements, à la suite des décrets de 1899, réduisant le taux des retraites en même temps que le nombre des années de service. Et, cette fois, ils n'ont pas repris, non pas que la limite fût proche, mais parce que la mesure prise a duré. L'Arabe n'est ni un saint, ni un patriote enthousiaste, — patriote arabe, peut-être ! — mais bien un homme de chair et d'os, aimant le métier des armes, aimant à y trouver un bon et beau vêtement, un bonne gamelle, un gîte assuré, aimant surtout la pension de retraite, qui fera de lui, à sa libération, un Arabe de grande tente, en le dispensant de travailler, condition *sine quâ non* pour apparaître d'une essence supérieure, en ce pays comme en beaucoup d'autres. Or, les nouvelles retraites ne permettent plus de vivre sans travailler : elles attirent moins.

Des engagements, on en aura tant que l'on voudra, en y mettant le prix et la manière. Le prix, ce n'est pas trop la prime d'engagement, vite évaporée entre les mains de l'usurier. L'Arabe qui s'engage, et à qui l'on compte cinquante douros (pièce de cinq francs), n'a jamais eu tant de douros entre les mains ; on lui en donne des piles et des piles, il est fasciné, et il s'engage. Le recruteur en prélève quelque-uns ; les autres passent à leur tour, au bout de très peu de jours, en achats enfantins d'objets dont l'acquéreur ignore le prix, et qu'il paye dix fois leur valeur. En fait, au bout de quinze jours, la prime n'est plus qu'un souvenir. Que le jeune Arabe touche 30 ou 40 douros au lieu de 50, il sera fasciné ni plus ni moins, et s'engagera de même. Quant aux 30 douros, payables après deux ans de service, ils n'ont aucune influence sur l'engagement. Et cette prime totale de 400 francs pourrait être ramenée à 200 francs, payables à la signature de l'engagement.

La vérité est que la prime sert d'appât, et que les réalités déterminantes de l'engagement consistent surtout dans la solde, qui est largement suffisante comme elle est, d'ailleurs, et dans la pension de retraite. Pour celle-ci, ne revenons pas aux vingt-cinq ans de service d'autrefois, qui encombraient nos rangs de non-valeurs, débris glorieux parfois, mais soldats usés, que l'on gardait au corps par humanité. Mais ne restons pas à douze ans, allons à seize ans de service, pour obtenir une retraite qui soit d'au moins 1 fr. 50 par jour.

A ce prix, on aura des engagés, surtout si l'on y met la manière. Et, là-dessus, il s'agit de bien s'entendre. Car la manière comprend beaucoup de choses. Il faut d'abord être sûr, ou au moins avoir des probabilités, de faire la guerre : c'est pour cela que nous voudrions voir les tirailleurs employés normalement aux colonies. Il faut aussi de la liberté. Un soldat engagé, rengagé jusqu'à seize ans de service, n'aime pas à pratiquer quoditiennement la boxe, le bâton ou le maniement d'armes, comme un simple boudjadi (homme de recrue). Le tirailleur est un soldat d'extérieur ; il déteste le travail de la place d'exercices, il se complaît essentiellement aux « fantasias » du service en campagne. Pas d'exercices pour tuer le temps ; des manœuvres fréquentes, suivies de larges loisirs pour aller se faire admirer au café maure, pour aller exciter l'envie des coreligionnaires au marché arabe. Cette manière de faire sera de bonne politique ; avis aux officiers néo-tirailleurs, trop enclins à importer dans l'armée d'Afrique des méthodes d'instruction ayant pu faire merveille dans leurs garnisons de France, mais qui sont déplorables, parce que dépaysées, à Bordj-bou-Arréridj ou à Biskra.

Il faut, enfin, de la considération, considération personnelle d'abord, considération professionnelle surtout. Cette considération dont il est friand, le tirailleur la trouve au corps, où il est mené tambour battant, c'est vrai, mais où il a l'orgueil de se voir traiter en frère par un personnage aussi haut placé, — dans son esprit du moins, — que l'officier français ; il ne la trouve pas, il ne la trouve plus en dehors du corps. Jadis, le tirailleur permissionnaire allait poitriner dans son douar, et l'on s'engageait un peu pour revenir ensuite se faire admirer sous le bel uniforme. Aujourd'hui, il n'en est plus ainsi ; et trop souvent, le tirailleur fuit le douar, parce qu'il croit y trouver un ennemi : l'administrateur.

Il faut avoir le courage de le dire : cette malheureuse animosité, non point entre l'autorité civile et l'autorité militaire, mais entre certains représentants de l'autorité civile et certains représentants de l'autorité militaire, a eu des effets funestes au point de vue du recrutement. Une anecdote caractéristique. Un officier, se promenant un jour dans une commune mixte, voit venir à lui un jeune Arabe, ancien tirailleur sous ses ordres, récemment libéré. L'Arabe, qui affecte de ne pas le voir, marche impassible en apparence, mais son regard inquiet examine de tous côtés. Tout à coup, rassuré sans doute par cet examen, il se précipite auprès de son ancien chef et le salue avec cette affectueuse familiarité qui unit invariablement l'officier de tirailleurs à ses soldats. — « Pourquoi as-tu tant tardé à me reconnaître ? » lui demande le lieutenant. — « C'est, répond le pauvre diable, que M. l'administrateur nous défend de saluer les officiers. »

Cette anecdote, rigoureusement authentique, est vieille de plus de dix ans. Elle montre tout le mal que peut faire un fonctionnaire aussi peu conscient de ses devoirs envers la France ; car il est bien certain que cette commune mixte ne fournissait aucun engagé, toujours par crainte de M. l'administrateur. Sans doute, un tel cas n'est pas général ; il est même tout à fait exceptionnel. Mais, qui ne comprend que toutes les attitudes sont possibles, depuis le cas extrème qui vient d'être esquissé, jusqu'à celui du fonctionnaire, comme il y en a beaucoup en Algérie, comme ils devraient être tous, qui, conscient de ses devoirs envers la Patrie, facilite l'œuvre du recrutement en donnant son indispensable concours à l'autorité militaire, même si certaines individualités ont pu lui déplaire ! A côté de l'adversaire militant que nous venons de voir, il y a l'adversaire non déclaré, il y a l'indifférent malveillant, il y a l'indifférent qui se désintéresse. Et cela suffit parfois pour tarir les sources du recrutement dans une province entière.

Non, en cette matière comme dans les autres, le bien ne peut résulter que d'une collaboration étroite, empressée, presque affectueuse, entre tous les représentants de la France, quel que fût leur habit, quel que fût le chapitre du budget auquel ils émargent. Il est vrai qu'à ce point de vue, la situation s'est avantageusement modifiée en Algérie et que le corps des administrateurs, après avoir été, à une certaine époque, encombré de non-valeurs et de ratés, a maintenant un recrutement des plus soignés. Mais il ne suffit pas qu'il ne soit plus hostile, il faut qu'il soit le collaborateur convaincu, et, dans ces conditions, les 50,000 tirailleurs demandés se trouveraient certainement sans peine par la voie d'engagement.

Ils se trouveraient d'autant plus sûrement qu'il est une source à laquelle on ne songe peut-être pas et qui va pourtant donner de plus en plus : c'est le Maroc. De tous temps, nous avons engagé des Marocains, excellents soldats, énergiques et robustes, d'une ardeur endiablée au feu. Au 3e tirailleurs même, à Constantine, il y avait, dans plusieurs compagnies, une demi-douzaine de tirailleurs ayant choisi ou reçu le nom patronymique significatif de « Maroc ». Il ne s'agit pas, pour le moment, d'aller recruter à Fez ou dans la Chaouïa ; mais, bien certainement, du côté de la frontière oranaise, les Marocains viendront de plus en plus dans nos rangs, et les incertitudes de l'état civil enlèveront longtemps encore au sultan de Fez tout prétexte à protestation.

V

Pourtant, tout cela n'est peut-être qu'illusion. Admettons donc cette hypothèse : une fois le chiffre de 30,000 hommes atteint, le recrutement par voie d'engagements sera à bout de forces. Si l'on veut augmenter encore le contingent indigène, il faut une autre méthode ; et cette méthode ne saurait être que le recrutement par voie d'appel.

Ce mode de recrutement est celui qui se pratique en Tunisie. La raison de ce fait est bien simple : il existait quand nous sommes arrivés dans le pays, nous avons eu la sagesse de le conserver, de l'organiser, de le perfectionner. En outre, nous l'utilisons au nom du bey de Tunis, souverain légitime que nous protégeons. L'institution est bonne ; le rendement peut en être augmenté encore dans des proportions considérables ; la qualité est suffisante : conservons-la puisqu'elle a fait ses preuves, tout aussi bien qu'il conviendrait de conserver en Algérie le système qui y a fait ses preuves.

En Algérie, en effet, la situation n'est plus la même qu'en Tunisie. La nuance entre la colonie proprement dite et le pays de protectorat se traduit, aux yeux des populations, surtout par l'absence d'un souverain indigène. Quel souverain, d'ailleurs, imaginer pour une agglomération de peuples, ennemis parfois, rivaux toujours, n'ayant bien souvent rien de commun que la religion ? La situation étant autre, il faut la prendre comme elle est ; et ce qui se passe en Tunisie, excellent pour la Tunisie, ne vaut rien du tout pour l'Algérie, d'une manière absolue.

Il y a du moins une analogie que l'on peut étudier. Cette analogie serait même précieuse, si nous n'avions pratiqué un nivellement systématique en Algérie, oublieux de cette politique de races sur laquelle doit s'appuyer toute domination étrangère. Si, au lieu de les confondre, nous avions soigneusement entretenu, pour les opposer l'une à l'autre, la race arabe, plus indépendante, et les races kabyles, plus semblables aux populations tunisiennes, le problème trouverait peut-être sa solution dans la formule : « appeler les Kabyles et continuer à engager les Arabes ». Nous aurions ainsi des corps d'origines, de mœurs, de langues, de sentiments différents, qui s'opposeraient les uns aux autres et dont l'hostilité possible se neutraliserait mutuellement. Il n'en est pas ainsi, et c'est une utopie de croire que l'on peut, à ce point de vue, revenir en arrière. Encore une fois, la situation est ce qu'elle est; il s'agit, non plus de récriminer, mais de l'utiliser.

Pour cela, il faut la bien connaître. Dans une étude, faite avec sa compétence habituelle aux choses de l'Afrique, le général Luzeux s'exprime comme il suit : « Cette vaste région, dans chacune de ses trois provinces, comprend trois zones; chacune d'elle a un mode d'administration qui lui est spécial; il a fallu tenir compte de l'état social de la population indigène qui l'habite.

« *1*re *zone*. — Elle comprend les communes de plein exercice, où s'appliquent à peu près toutes les lois françaises. Les citoyens français y sont nombreux, et souvent en majorité dans chacune de ces communes. Seuls ils y exercent les droits politiques dont sont privés les indigènes. Ceux-ci ne sont admis à remplir que des fonctions de police, et seulement vis-à-vis de leurs coreligionnaires. L'état civil n'existe, pour les indigènes, qu'en ce qui concerne les naissances et les décès, mais non pour les mariages. Les musulmans conservent comme statut civil personnel le Koran et les commentaires qui en dérivent. Les mariages et les divorces ne sont jamais portés à la connaissance des officiers de l'état-civil français ; ils sont prononcés par les cadis, fonctionnaires musulmans nommés par l'autorité parmi les lettrés. Les mœurs permettent même qu'on se passe du cadi ; il n'est nullement obligatoire. On sait que, pour les musulmans, le mariage consiste dans l'achat d'une femme, dont le père transmet la propriété au nouvel époux. Pour les pauvres diables, la cérémonie est donc simple et consacrée surtout par la notoriété publique.

« *2e zone*. — Comprend les communes mixtes, administrées par des fonctionnaires civils appelés administrateurs. Les institutions municipales n'existent que très réduites ; les chefs indigènes, appelés à siéger dans les conseils d'administration, sont de purs auxiliaires de nos administrateurs, qui les ont fait nommer par l'autorité supérieure. Ces communes, qui ne renferment que très peu d'Européens, et surtout de Français, comportent un territoire généralement très étendu, dont on ne trouve aucun analogue en France, et une population indigène qui dépasse parfois 20,000 âmes.

« On conçoit que les administrateurs français ne peuvent pas, dans ces conditions, remplir exactement les fonctions de maire en France ; du reste, une partie de nos lois et règlements ne peuvent être appliqués aux indigènes, qui vivent à l'état nomade ou semi-nomade, et qui n'habitent des maisons ou des gourbis que dans les régions très accidentées. Là, plus d'état civil régulier, dès lors, comment pourrait-on établir, dans ces conditions, avec équité, un tableau de recensement préliminaire du tirage au sort.

« *3e zone*. — Ce sont les territoires dits de commandement, s'étendant au Sud jusqu'aux solitudes du Sahara.

Les habitants européens s'y rencontrent exceptionnellement, en petits groupes protégés par nos camps ou nos forts. L'autorité militaire y commande seule ; elle est obligée de laisser beaucoup de latitude aux chefs indigènes, en raison de l'état nomade des populations et des immenses espaces dans lesquels elles se meuvent constamment, à la recherche de pâturages pour leurs troupeaux. Ces indigènes sont profondément imbus des idées musulmanes, et n'accepteraient aucune contrainte opposée à leurs mœurs et à leurs traditions. Ils émigreraient immédiatement, et ne reviendraient en Algérie qu'à l'état de djich dévastateurs et pillards. Impossible donc de modifier l'état de choses actuel.

« D'ailleurs, de tout temps, et même sous la domination turque, ces tribus ont fourni aux maîtres de l'Algérie des contingents irréguliers, de cavalerie principalement. Les goums ont accepté de marcher avec nos colonnes, d'éclairer leurs abords avec la compétence des gens du pays. Ils restent alors sous les ordres des chefs qui les commandent en tout temps et qu'ils ont l'habitude de respecter.

« Le goum employé à Casablanca est le type perfectionné du genre. Les cavaliers y sont volontaires, engagés pour trois ou quatre mois, et, n'ayant subi aucun dressage, combattent contre les Marocains auxquels ils sont opposés.

« En résumé, la conscription militaire n'est applicable que sur les territoires des deux premières zones, encore devra-t-elle subir de nombreuses modifications pour être imposée dans la deuxième zone.

« Dans ces conditions, la solution de la question du service militaire des indigènes paraît indiquée dans ses grandes lignes ; mais, dans l'application, il y aurait encore bien des tempéraments à y apporter [1]. »

---

[1] Général LUZEUX, *L'Armée d'Afrique avec le service de deux ans.*

Partant de là, le général Luzeux estime qu'il est indispensable, avant tout, de reconstituer les groupements indigènes que nous avons imprudemment méconnus, et de demander aux chefs responsables de ces groupements la contribution en hommes que nous jugeons nécessaires, la garantie de la fidélité du service des délégués du groupement, la prise en charge des frais afférents à la convocation. Un système très ingénieux, proposé par l'auteur de l'étude, indique le moyen de recouvrer la contribution représentative de ces frais et de la faire parvenir aux intéressés avec leur solde.

Toute cette partie du travail est à lire et à méditer, car, même si on n'en adopte pas intégralement les conclusions, on en tirera toujours au moins une connaissance plus exacte d'une question dont beaucoup parlent, qui l'ignorent complètement, et on sera conduit à faire usage d'une circonspection qui ne saurait être trop grande, quand on touche aux choses de l'Islam.

En pareille matière, en effet, on fait fausse route quand on parle d'assimilation, à plus forte raison du patriotisme des indigènes. Les musulmans ont une personnalité trop accusée pour être assimilables. Ils ont une conscience trop nette de cette personnalité pour concevoir un patriotisme autre que le patriotisme de leur race. Mais les musulmans ont le respect de la force, et nous leur avons montré la nôtre en les soumettant; ils ont le culte de la justice, non de la justice formaliste de notre vieux droit romain à peine modernisé, mais de la justice en soi; ils sont enfin comme tous les êtres, et les êtres humains en particulier, sensibles à l'appât du bien-être.

Dans ces conditions, il faut savoir ce que nous voulons et l'indiquer avec la confiance des gens sûrs de leur bon droit : la netteté avec laquelle nous formulerons notre volonté fera plus qu'une savante discussion juridique pour établir ce droit. Notre droit d'être en Algérie, c'est le droit du plus fort; ne cherchons pas autre chose, après avoir vaincu, pour justifier l'utilisation de notre victoire. Nous croyons devoir incorporer des indigènes par voie d'appel, ne cherchons pas des textes dont ils n'ont cure, mais excipons de notre droit souverain.

Au fond, cette thèse est bien celle que soutient le gouverneur général de l'Algérie, M. Jonnart, quand il écrit dans une circulaire aux Préfets :

« Je suis informé que les notables indigènes propagent dans les douars la légende suivant laquelle la convention de 1830 s'opposerait à l'application du service militaire obligatoire des musulmans algériens, et que la France violerait ses engagements si elle imposait la conscription.

« Cet argument constitue une fausse interprétation de la déclaration du maréchal de Bourmont.

« Cette déclaration promettait à la population musulmane de respecter la liberté de la religion, la propriété, le commerce, l'industrie. Elle ne stipulait rien étant susceptible de délivrer à tout jamais la population du service militaire.

« Pareille promesse eût été l'abandon du droit de souveraineté résultant de la conquête.

« Je vous prie d'affirmer hautement devant les assemblées départementales que, si le Gouvernement n'a pas arrêté des résolutions définitives, la légitimité du principe de la conscription ne peut être contestée en droit[1]. »

Cela dit, usons de notre droit avec justice et mesure. Les Arabes acceptent à peu près tous les actes de notre domination, et, depuis 1871, il n'a pas été vu de révolte parmi eux; c'est que nos exigences sont légitimes, proportionnées aux droits du souverain et aux capacités du sujet. Procédons de même pour l'impôt du sang.

Nous ne saurions utiliser toute la masse imposable :

---

[1] Cité dans le rapport de M. Cochery.

limitons sagement nos demandes à ce qui est strictement nécessaire, de manière à ne pas surcharger les populations.

Nous n'incorporerons que 2, 3, 5, 10 hommes sur 100. Que ce soit Pierre ou Paul, Ahmed ou Mohammed, peu nous importe, et laissons-les s'arranger entre eux pour se faire remplacer ou trouver des volontaires. Veillons seulement à ce que ces remplaçants aient l'aptitude physique nécessaire, à ce que les volontaires ne soient pas désignés d'office.

L'Arabe fonde sa famille plus tôt qu'il n'est d'usage en France. C'est qu'il acquiert son plein développement plus vite. Fixons donc l'âge de la conscription plus tôt, à 18 ans, par exemple, de manière à ne pas heurter de gaieté de cœur un principe local, ou, du moins, de manière à atténuer ce heurt dans la limite du possible. Tous les officiers de tirailleurs ont vu incorporer d'excellentes recrues dont l'âge probable n'excédait manifestement pas 17 ans.

L'Algérie, pays plus neuf, ne bénéficie pas d'une sécurité légale comparable à celle des pays de civilisation ancienne. Que le soldat indigène se sente un objet de sollicitude pour tous, notamment pour les administrateurs civils. Qu'on ne lui vende point son champ en son absence, qu'on ne lui vole point son âne ou sa femme, qu'on lui accorde la considération dont il est friand, qu'on lui donne toutes facilités pour s'adapter aux exigences d'une légalité civile qu'il ignore, et dont la complexité souvent le déconcerte.

Moyennant quoi, nous pouvons y aller, et nous serons surpris nous-mêmes de la facilité avec laquelle nous recruterons. Il ne s'agit pas, bien entendu, d'un recrutement comparable à ce qui se fait en France. Dans les communes de plein exercice, seules, on pourra procéder comme en France, sauf que la proportion du contingent incorporé au contingent recensé ne dépasse pas un tant pour cent à déterminer. En territoire militaire, inversement, pas d'opérations de recrutement proprement dites ; on continuera à lever des partisans à pied ou à cheval, des goums, que l'on pourra faire plus nombreux, vouloir plus instruits, et qui seront précieux partout où on voudra les employer. Ils ont fait leurs preuves à Casablanca, et les feraient ailleurs.

Dans les communes mixtes, enfin, on adoptera une procédure intermédiaire. L'état civil, sans être parfait, y a fait des progrès suffisants pour que l'on y soit arrivé, d'ores et déjà, à une notion suffisante du chiffre de la population et de l'identité des individus. Le chiffre de la population étant connu, les besoins du recrutement étant établis, on en déduira facilement le nombre de recrues à demander à chaque fraction de la population indigène. L'autorité indigène sera chargée des opérations, l'autorité civile en contrôlera l'équité et la moralité ; l'autorité militaire appréciera la valeur du matériel humain qui sera mis à sa disposition.

Contrairement aux conclusions du rapport de M. Cochery, ce co t'ngent devra être versé dans les régiments de tirailleurs existant actuellement. L'encadrement s'en trouvera immédiatement assuré dans d'excellentes conditions, et l'on devra se borner à réserver exclusivement aux professionnels ou aux volontaires les bataillons destinés au service colonial ou expéditionnaire.

Cela, pour des raisons de mobilisation et d'instruction seulement. Car il n'est pas exact que l'Arabe ait le mépris ou l'appréhension du tirailleur ou du spahi. Sans doute, le tirailleur a des tares et des vices spéciaux qui pourraient scandaliser un père de famille français. Le père de famille Arabe, lui, n'a pas de telles craintes, et pour cause. Il y a pourtant quelque chose à faire de ce chef, pour rendre le milieu tirailleur plus apte à recueillir les indigènes de tout rang. Mais le point de départ est tout différent ; le voici, sans phrases ni détours.

La société arabe est une société à castes rigoureusement séparées et hiérarchisées. Or, la caste que nous incorporons actuellement comprend essentiellement les miséreux, les crevant de faim, les ouled-plaça des villes, qui connaissent les Européens pour leur avoir rendu de menus services, parfois d'un ordre très spécial. Pourquoi l'Arabe qui a pignon sur rue, un gourbi, un champ et un bourricot pour le cultiver viendrait-il s'engager ? Surtout quand M. l'administrateur voit cela d'un mauvais œil et profiterait de son absence pour favoriser, — il le croit du moins, — ceux qui lorgnent son champ ou sa femme.

Or, avec ces tirailleurs, soldats d'autant meilleurs qu'ils sont des aventuriers que rien ne rattache au pays, que tout, au contraire, attire vers nous, nous faisons des caporaux, des sergents, nous faisons même des officiers, ce qui est plus grave. Et la présence de ces parvenus de la plus basse caste fait que jamais, au grand jamais, l'Arabe d'une caste supérieure n'acceptera de leur obéir. Peut-être même est-ce là une pierre d'achoppement du recrutement par voie d'appel : nul doute que le descendant de Mokrani, tirailleur de 2e classe, n'aura une tendance à désobéir au décrotteur devenu lieutenant.

Le remède à cet inconvénient est facile ; sans doute, il choque nos idées démocratiques. Mais puisqu'il s'agit d'utiliser, et non d'assimiler une société différente de la nôtre, il faut la prendre comme elle est. Les caporaux indigènes sont excellents. Les sous-officiers ne sont pas trop mauvais, grâce au contrôle étroit que la vie à la caserne permet d'exercer sur eux. Il n'en est plus de même des officiers ; pour un qui rend des services, cent sont inutiles ou même nuisibles. Le meilleur serait de les supprimer.

Si cette mesure paraît trop radicale, si l'on veut à tout prix des officiers indigènes, qu'on les prenne donc là où ils se trouvent, parmi les Arabes de grande tente, et qu'on ne lève pas les bras au ciel, en disant que nous donnons par là des chefs à l'insurrection. Ce seraient bien plutôt des otages contre l'insurrection, puisque nous les enchaînerions de liens fleuris et brillants. Est-ce que l'émir Khaleb, petit-fils d'Abd-el-Kader et capitaine au 5e chasseurs d'Afrique, porte ombrage à qui que ce soit? Au lieu de faire officiers des indigènes illettrés, en arabe comme en français, sans culture intellectuelle d'aucune sorte, sans garantie de moralité, appelons dans nos rangs, jusqu'au grade de lieutenant, bien entendu, les jeunes gens des meilleures familles. Leur éducation, dira-t-on, ne leur permet pas de se faire soldats, d'accomplir des corvées, d'obéir aux commandements d'un sous-officier roturier. Alors, créons une école de cadets à Alger. Nous les y verrons accourir, heureux de porter l'épée, fiers d'avoir un commandement effectif. Leurs camarades français les fréquenteront sans effort, au lieu de subir la promiscuité de camarades mal préparés aux exigences de leur rang social. Nous en ferons des alliés, des collaborateurs, et c'est eux qui amèneront dans nos rangs leurs coreligionnaires.

VI

En résumé, l'armée indigène d'Algérie peut et doit être créée. Le droit, sur lequel nous devons nous appuyer pour cela, est le droit du plus fort, le droit du conquérant, le droit souverain. Cette armée devra se recruter essentiellement par des engagements volontaires, que faciliteront des avantages pécuniaires et moraux, ainsi qu'une retraite suffisante allouée aux anciens militaires après seize ans de service.

En cas d'insuffisance des engagements, il sera procédé par voie d'appels, avec modération d'abord, en étendant ensuite les exigences du recrutement jusqu'à concurrence des nécessités nationales. Ces appels tiendront compte des mœurs et de l'état social des populations indigènes ; la justice et la bienveillance de nos procédés seront un excellent moyen de faire accepter à nos sujets algériens les exigences nouvelles de la métropole. Peut-être sera-t-il d'une bonne politique de rendre le grade d'officier accessible aux indigènes de grande famille, par la voie d'une école militaire instituée à Alger : de tels officiers, doués d'un prestige réel, seraient pour nous des collaborateurs, des alliés qui nous attireraient leurs coreligionnaires, au besoin des otages qui nous garantiraient leur fidélité.

Cet appoint précieux formera des contingents de valeur variable : partisans irréguliers en territoire militaire, appelés en communes de plein exercice, engagés en communes mixtes, tous utilisables suivant leurs aptitudes. Ils constitueront l'armée d'Afrique avec l'adjonction d'éléments européens et français dans une proportion suffisante pour ne pas compromettre notre prestige aux yeux du monde musulman. Ces éléments européens comprendront la légion étrangère qui pourra recevoir de l'extension, les troupes spéciales des bataillons d'Afrique et disciplinaires, les zouaves enfin, à qui un fort noyau d'engagés et de rengagés, ainsi qu'un encadrement de choix, rendront leurs qualités d'antan, et qui, au surplus, incorporeront le contingent algérien, sans cesse croissant, renforcé de l'appoint qu'il sera nécessaire de faire venir de la métropole. Cet appoint devra tendre vers zéro.

Une telle armée sera ainsi susceptible de faire face à trois missions : garder l'Algérie, avec les bataillons et escadrons du contingent algérien principalement; concourir au service colonial ou expéditionnaire, avec les engagés des tirailleurs, de la légion, des zouaves ; participer à la défense de la métropole, avec tous les éléments disponibles qui, si nous procédons méthodiquement et modérément, dépasseront même les prévisions de la première partie de ce travail.

Cette œuvre sera complète si nous concentrons notre puissance navale dans la Méditerranée, où elle possède déjà une base naturelle incomparable, de manière à assurer une communication permanente entre les deux parties essentielles de l'empire français, installé aux deux rives du bassin occidental. C'est alors que se trouvera réalisée, avec de légères variantes, la prédiction souvent citée du général Mollière, qu'il formulait dès 1845 :

« Quand le jour sera venu, où il dépendra de la France de faire précéder ses armées de ligne de ces partisans, les plus formidables qu'il y ait au monde ; quand il suffira d'un acte de sa volonté pour verser devant elle cette vague furieuse, qui pourra dire que nous sommes sans alliés, et quelle nation n'y penserait pas très longtemps, avant d'affronter la France [1]. »

---

[1] Cité dans le rapport de M. Cochery.

Puisse seulement la France n'être pas tentée d'utiliser ce surcroît de forces pour affaiblir par ailleurs ses institutions militaires, en réduisant encore l'effort demandé à chaque citoyen. Car si le nombre et la qualité des alliés de toute nature sont un avantage bien précieux à la guerre pour une nation, il est une chose que rien ne remplace : c'est l'effort personnel, le dévouement patriotique et l'esprit de sacrifice de chacun de ses enfants.

PARIS — IMPRIMERIE R CHAPELOT ET Ce, 2, RUE CHRISTINE.